Knitting Pattern

花の編み込み手袋50
シェットランドウールで編む冬小物

Rie Sekiguchi

はじめに

　私がニットの模様をデザインするようになったきっかけは、ポーリッシュポタリーとの出合いでした。ポーリッシュポタリーはポーランド南西部の街で作られている陶器で、中でも私を魅了したのはVENA社（Ceramika Artystyczna VENA）の愛らしく美しい絵柄でした。

　その美しい色使いと繊細で芸術的な絵柄を毛糸で編んでみたいと思い、それを表現するのにぴったりなアイテムが、本書に掲載されている指先のない手袋でした。

　最初の頃はポーリッシュポタリーと同じ絵柄を編むことだけに喜びを感じていましたが、VENA社のパターンデザイナーであるEwa Walczakさんのデザインからインスピレーションを受けて、次第に自分で模様をデザインするようになりました。

　私がポーリッシュポタリーの絵柄を編んで嬉しかったように、私がデザインした模様を編んで喜んでくださる人がいることを願い、たくさんの模様をデザインしてきました。初心者から上級者まで幅広い方々とひとつの編物教室のようにみんなが編める、そんな本になればと思います。

　一段編むごとに模様が出来上がってゆく楽しさを感じていただけると幸いです。

Rie Sekiguchi

Contents.

はじめに …… P.2
この本について …… P.8
道具と糸 …… P.9

Level 1.

P.10　P.12　P.14　P.16　P.18　P.20
P.22　P.24　P.26　P.28　P.30　P.32

帽子とマフラーのおそろい …… P.34　　色ちがいの楽しみ1 …… P.37

Level 2.

P.38　P.40　P.42　P.44　P.46　P.48
P.50　P.52　P.54　P.56　P.58　P.60

帽子とマフラーのおそろい …… P.62　　色ちがいの楽しみ2 …… P.64

Level 3.

P.66　P.68　P.70　P.72　P.76　P.78
P.80　P.82　P.84　P.86

帽子とマフラーのおそろい …… P.74　　色ちがいの楽しみ3 …… P.90
帽子とマフラーのおそろい …… P.88　　色ちがいの楽しみ4 …… P.91

Level 4.

P.92 P.94 P.96 P.98 P.100 P.102
P.104 P.106 P.108 P.110

帽子とマフラーのおそろい ……… P.112　　余った糸でベリーの針刺し ……… P.114
色ちがいの楽しみ5 ……… P.114

Level 5.

P.116 P.118 P.120 P.122 P.124 P.126

手袋の編み方 ……… P.128　　　　　メリヤス刺繍のしかた ……… P.137
編み込みのしかた ……… P.132　　　スカラップの編み方 ……… P.138
模様の合わせ方 ……… P.133　　　　水通しのしかた ……… P.139
親指の編み方 ……… P.134　　　　　帽子の縁の編み方 ……… P.140
1目ゴム編み止めのしかた ……… P.136　基本の編み方 ……… P.142
糸始末のしかた ……… P.137

About. この本について

編み込みの花模様で編んだ手袋を50作品掲載しています。手袋の形はすべて同じですが、模様に合わせて段数が少しずつ違います。模様によってゲージ(10cm四方)も多少変化しますが、約28目32段を目安にしてください。
50作品の手袋をレベルわけしています。レベル1と2は初心者でも編めるように模様を考えました。レベル3が中級者向け、レベル4と5は上級者向けです。編むときの目安としてください。

手袋のページ

左ページに作品写真、右ページに編み図を掲載しています。編み図は右手のみを掲載しています。左手を編む際は50〜60目に親指の位置を作ってください。手袋の編み方は128ページから解説しています。編み図だけでなく写真解説もしていますので参考にしてください。

色ちがいのページ

手袋のページに掲載した作品の色ちがいです。色によって印象が変わるので、ぜひ好きな色で編んでください。左側がメイン作品、右側が色ちがいの作品です。色ちがいの作品の色番号を掲載していますので参考にしてください。

おそろいのページ

手袋とおそろいのマフラーと帽子を5作品掲載しています。形と作り方はすべて同じなので、35・36ページの作り方を参考に、各ページの編み図で編んでください。マフラーは好きな長さで編んでください。

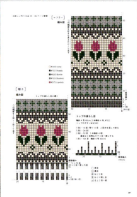

道具と糸 *Tools.*

この本で使っている基本的な道具と糸を紹介します。

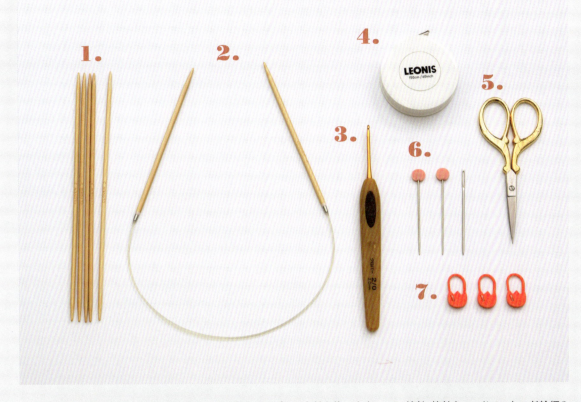

1. 5本棒針：輪編みに使う針。手袋を編むときは短いタイプの5本針を使います。　**2.** 輪針：棒針をコードでつないだ輪編みに使う針。作品の大きさに合わせてコードの長さを選びます。　**3.** かぎ針：スカラップやピンクッションなどを作るときに使います。　**4.** メジャー：ゲージや編んだものを測るときに使います。　**5.** はさみ：糸を切るだけなので小さいもので十分です。　**6.** とじ針とまち針：とじ針は編み地をとじたり糸始末をするときに使います。この本では使用しませんが、まち針は編み地同士をとめるときに使います。　**7.** ステッチマーカー：目数や段数の目印として針や編み地に通しておきます。

Jamison's シェットランドスピンドリフト

この本で使っている糸はすべてジェイミソンズ シェットランド スピンドリフトというイギリスの糸です。色数が多いので編み込みにはとても向いています。手芸店やネットショップなどで購入できます。

Level 1.

初級の模様です。編みやすい順にレベルわけしていますので、
まずはここから始めてみてください。

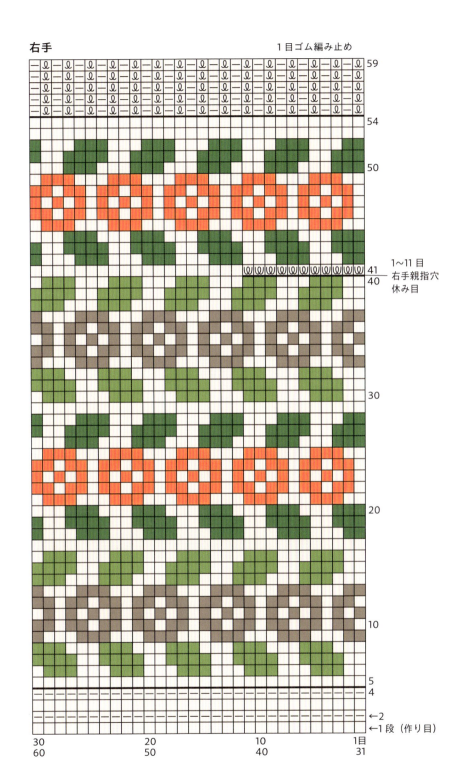

- □ 表目
- − 裏目
- ℚ ねじり目
- Ⓦ 巻き目

右手　　　　　　　　　　　　　　　　　　　1目ゴム編み止め

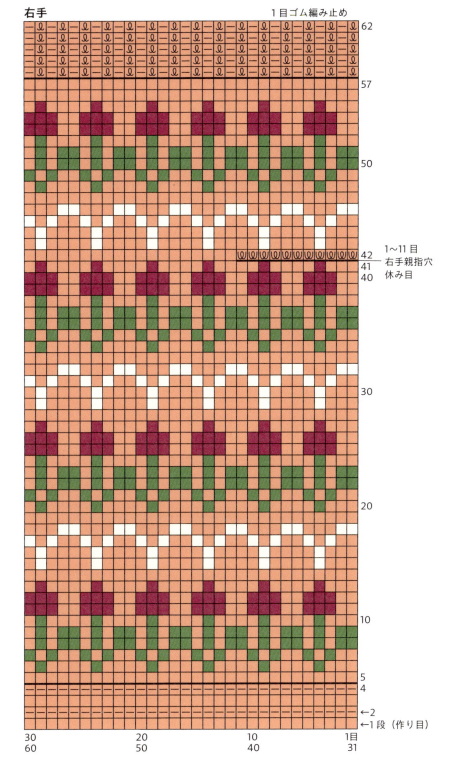

1〜11目
右手親指穴
休み目

使用糸：ジェイミソンズ スピンドリフト
■#1200 Nutmeg 24g　■#249 Fern 6g　■#580 Cherry 5g　□#105 Eesit 7g
親指は■#1200 Nutmeg　スカラップは□#105 Eesit　編み方は128ページからを参照
※糸が渡る目数が5目以上になったら裏で糸を挟む。その場合、前段で挟んだ位置と同じ箇所に挟まないようにする

□ 表目
－ 裏目
ℚ ねじり目
ⓤ 巻き目

使用糸：ジェイミソンズ スピンドリフト
□#105 Eesit 14g　■#890 Mocha 12g　■#335 Asparagus 5g　■#600 Violet 3g　■# 1160 Scotch Broom（メリヤス刺繍）1g
親指は□#105 Eesit　　スカラップは■#890 Mocha　　編み方は 128 ページからを参照
※糸が渡る目数が 5 目以上になったら裏で糸を挟む。その場合、前段で挟んだ位置と同じ箇所に挟まないようにする

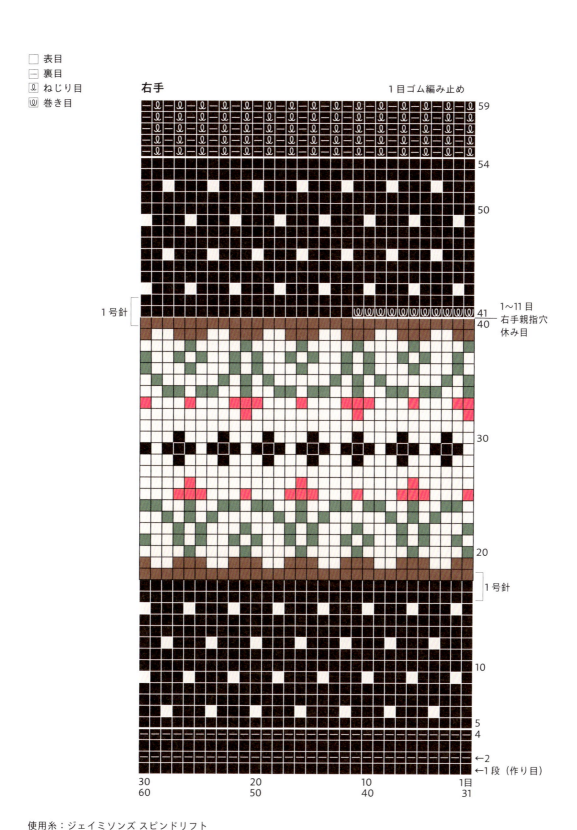

使用糸：ジェイミソンズ スピンドリフト
□#120 Eesit/White 12g　■#101 Shetland Black 18g　■#190 Tundra 2g　■#766 Sage 3g　■#188 Sherbet 2g
親指は■#101 Shetland Black　スカラップは□#120 Eesit/White　編み方は128ページからを参照
※糸が渡る目数が5目以上になったら裏で糸を挟む。その場合、前段で挟んだ位置と同じ箇所に挟まないようにする

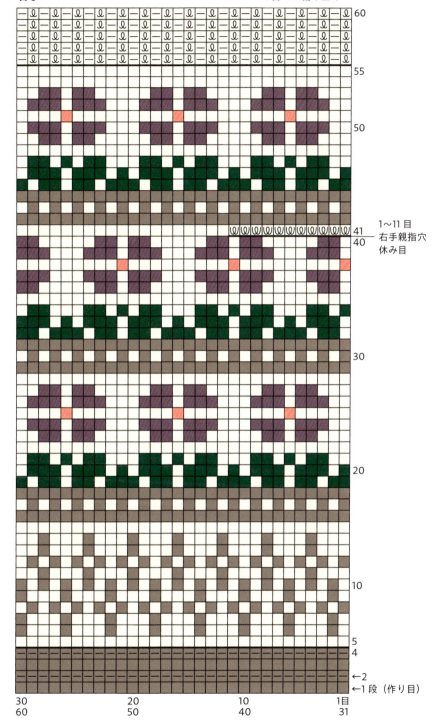

使用糸：ジェイミソンズ スピンドリフト
□#105 Eesit 20g　■#107 Mogit 12g　■#336 Conifer 4g　■#633 Jupiter 5g　■#861 Sandalwood 1g
親指は□#105 Eesit　スカラップは■#107 Mogit　編み方は128ページからを参照
※糸が渡る目数が5目以上になったら裏で糸を挟む。その場合、前段で挟んだ位置と同じ箇所に挟まないようにする

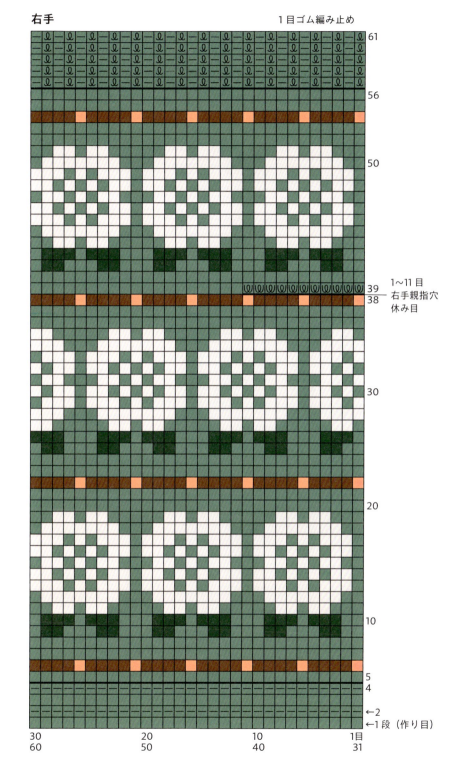

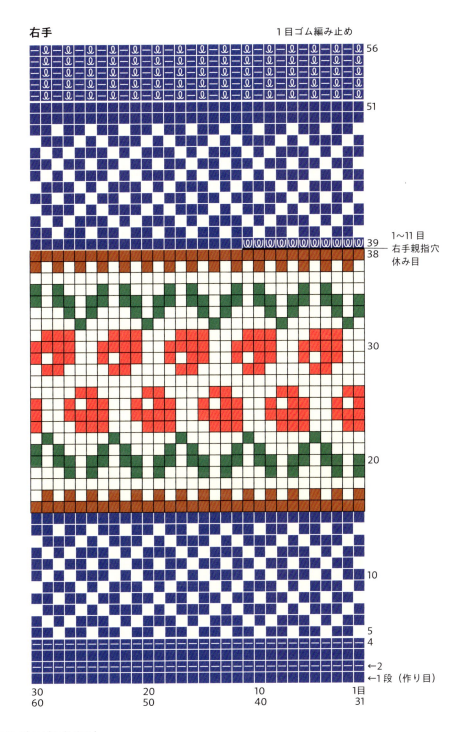

使用糸：ジェイミソンズ スピンドリフト
□#105 Eesit 16g ■#710 Gentian 15g ■#870 Cocoa 2g ■#249 Fern 3g ■#524 Poppy 3g
親指は■#710 Gentian　スカラップは□#105 Eesit　編み方は128ページからを参照
※糸が渡る目数が5目以上になったら裏で糸を挟む。その場合、前段で挟んだ位置と同じ箇所に挟まないようにする

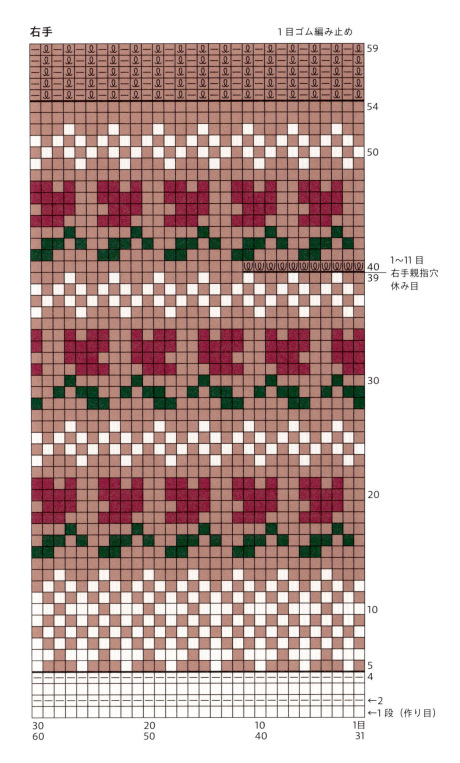

使用糸：ジェイミソンズ スピンドリフト
■#556 Old Rose 22g　□#120 Eesit/White 12g　■#336 Conifer 3g　■#517 Mantilla 4g
親指は■#556 Old Rose　　スカラップは□#120 Eesit/White　　編み方は128ページからを参照
※糸が渡る目数が5目以上になったら裏で糸を挟む。その場合、前段で挟んだ位置と同じ箇所に挟まないようにする

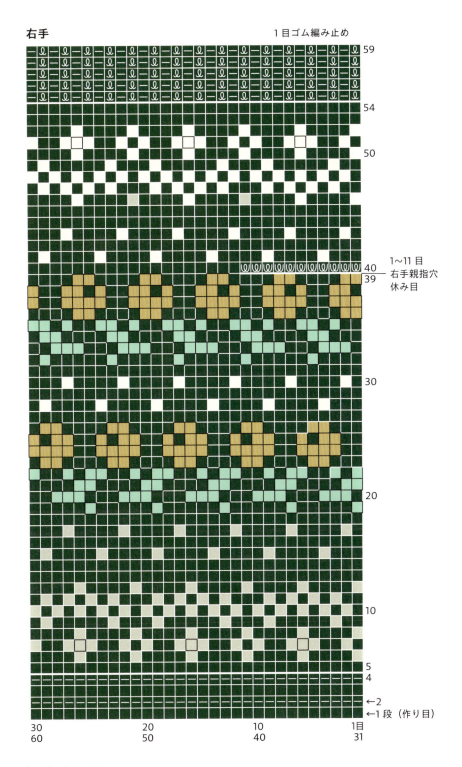

□ 表目
− 裏目
Q ねじり目
W 巻き目

右手　　　　　　　　　　　　　　　　　　　1目ゴム編み止め

1～11目
右手親指穴
休み目

使用糸：ジェイミソンズ スピンドリフト

■#101 Shetland Black 25g　□#120 Eesit/White 8g　■#190 Tundra 2g　■#286 Moorgrass 3g　■#153 Wild Violet 6g
親指は■#101 Shetland Black　　スカラップは□#120 Eesit/White　　編み方は128ページからを参照

※糸が渡る目数が5目以上になったら裏で糸を挟む。その場合、前段で挟んだ位置と同じ箇所に挟まないようにする

□ 表目
− 裏目
ℚ ねじり目
⦿ 巻き目

右手

1目ゴム編み止め

1〜11目
右手親指穴
休み目

←2
←1段（作り目）

30　　20　　10　　　1目
60　　50　　40　　31
　　　　　　↑
　　　　左手は7目め
　　　　から編む

使用糸：ジェイミソンズ スピンドリフト

■ #727 Admiral Navy 24g　　#106 Mooskit 2g　　■ #812 Prairie 6g　　#329 Laurel 3g　　■ #722 Mirage 4g　　■ #273 Foxglove 4g

親指とスカラップは ■ #727 Admiral Navy　　編み方は128ページからを参照

※糸が渡る目数が5目以上になったら裏で糸を挟む。その場合、前段で挟んだ位置と同じ箇所に挟まないようにする

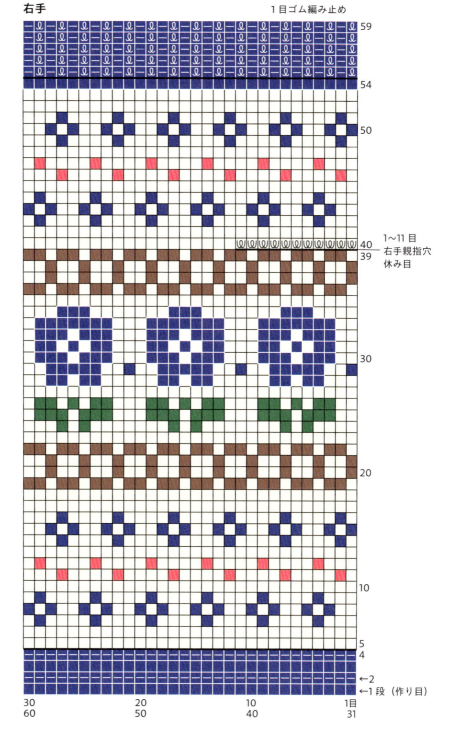

使用糸：ジェイミソンズ スピンドリフト
□#105 Eesit 20g ■#710 Gentian 15g ■#526 Spice 1g ■#190 Tundra 3g ■#249 Fern 1g
親指は13段めまで□#105 Eesit、14段めとゴム編みは■#710 Gentian　スカラップは■#710 Gentian
編み方は128ページからを参照
※糸が渡る目数が5目以上になったら裏で糸を挟む。その場合、前段で挟んだ位置と同じ箇所に挟まないようにする

32ページの手袋とおそろいです。
帽子はいちばん見せたい模様の
位置を考えて側面に配置します。

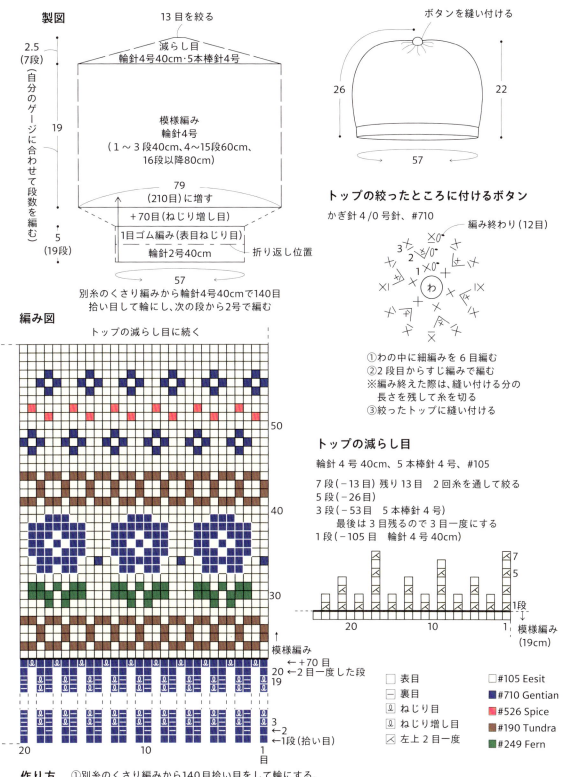

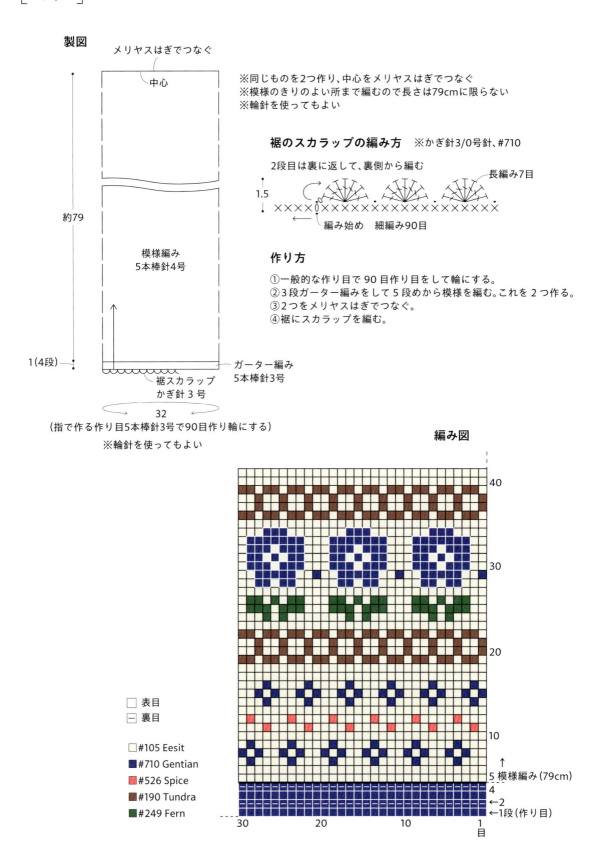

[色ちがいの楽しみ1]

10ページの色ちがい。
色番号は880（Coffee）、
812（Prairie）、563（Rouge）、
329（Laurel）、567（Damask）

22ページの色ちがい。
色番号は120（Eesit／White）、
107（Mogit）、722（Mirage）、
563（Rouge）、815（Ivy）

28ページの色ちがい。
色番号は640（Stonehenge）、
999（Black）、105（Eesit）、
870（Cocoa）、259（Leprechaun）

Level 2.
初級の模様ですが、Level 1よりは少し難しめです。

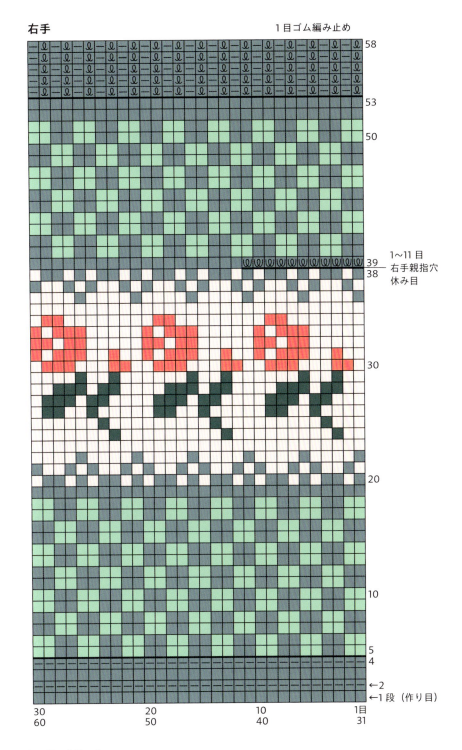

使用糸：ジェイミソンズ スピンドリフト
□#120 Eesit/White 6g ■#770 Mint 7g ■#232 Blue Lovat 21g ■#821 Rosemary 2g ■#576 Cinnamon 2g
親指とスカラップは■#232 Blue Lovat　編み方は128ページからを参照
※糸が渡る目数が5目以上になったら裏で糸を挟む。その場合、前段で挟んだ位置と同じ箇所に挟まないようにする

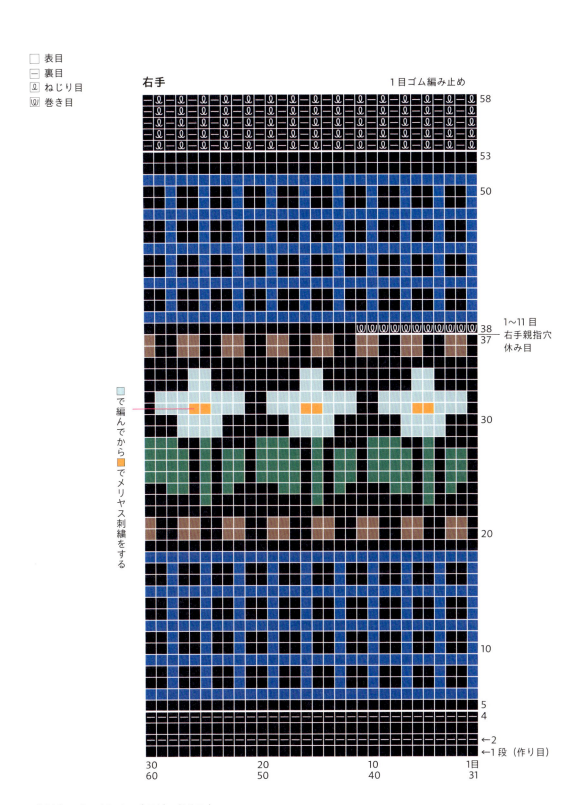

□ 表目
― 裏目
ℓ ねじり目
ω 巻き目

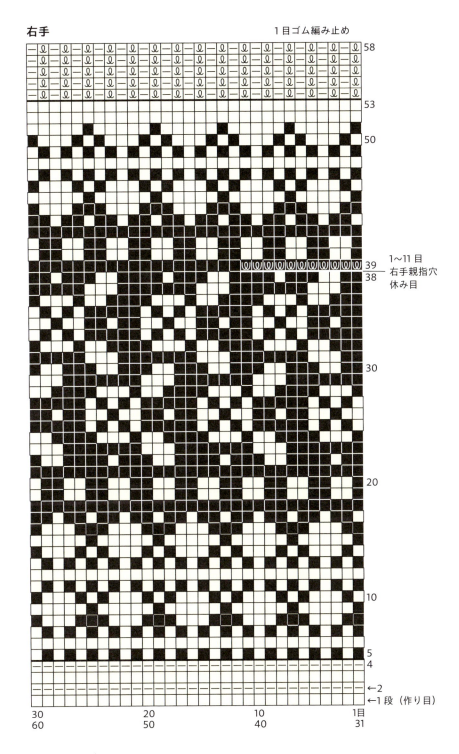

右手　　　　　　　　　　　　　　　　1目ゴム編み止め

1～11目
右手親指穴
休み目

使用糸：ジェイミソンズ スピンドリフト
■#102 Shaela 16g　□#105 Eesit 24g
親指は13段めまで■#102 Shaela、14段めとゴム編みは□#105 Eesit　　スカラップは□#105 Eesit
編み方は128ページからを参照
※糸が渡る目数が5目以上になったら裏で糸を挟む。その場合、前段で挟んだ位置と同じ箇所に挟まないようにする

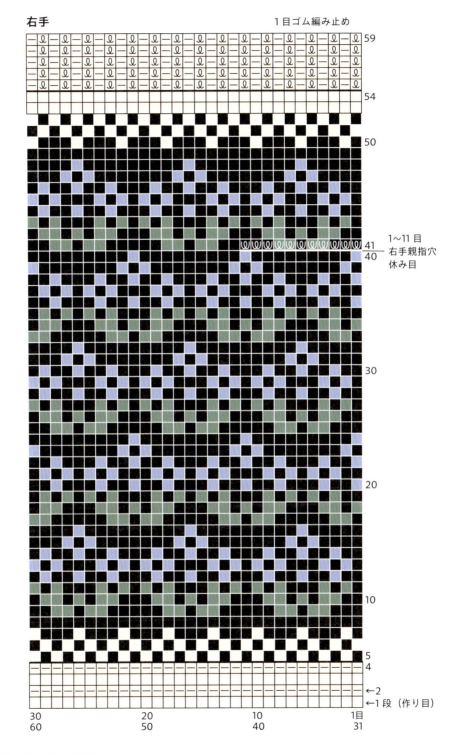

使用糸：ジェイミソンズ スピンドリフト
■#999 Black 19g　□#343 Ivory 11g　■#286 Moorgrass 5g　■#134 Blue Danube 6g
親指は13段めまで■#999 Black、14段めとゴム編みは□#343 Ivory　スカラップは□#343 Ivory
編み方は128ページからを参照
※糸が渡る目数が5目以上になったら裏で糸を挟む。その場合、前段で挟んだ位置と同じ箇所に挟まないようにする

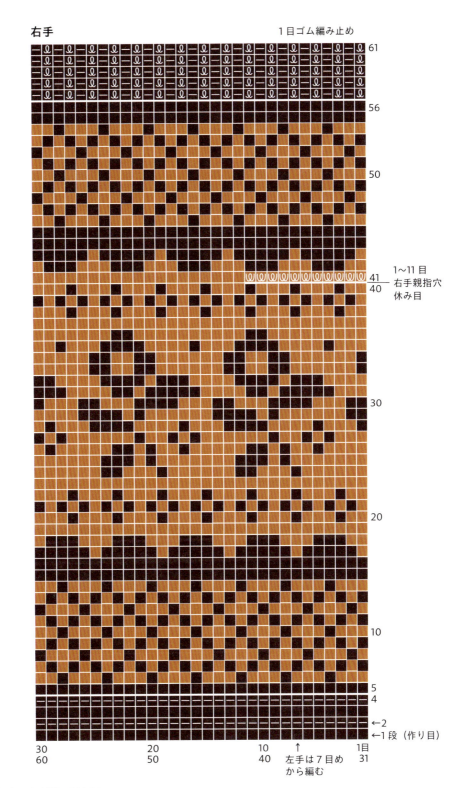

使用糸：ジェイミソンズ スピンドリフト
■ #870 Cocoa 17g　■ #248 Havana 20g
親指は 13 段めまで■ #870 Cocoa、14 段めとゴム編みは■ #248 Havana　　スカラップは■ #248 Havana
編み方は 128 ページからを参照
※糸が渡る目数が 5 目以上になったら裏で糸を挟む。その場合、前段で挟んだ位置と同じ箇所に挟まないようにする

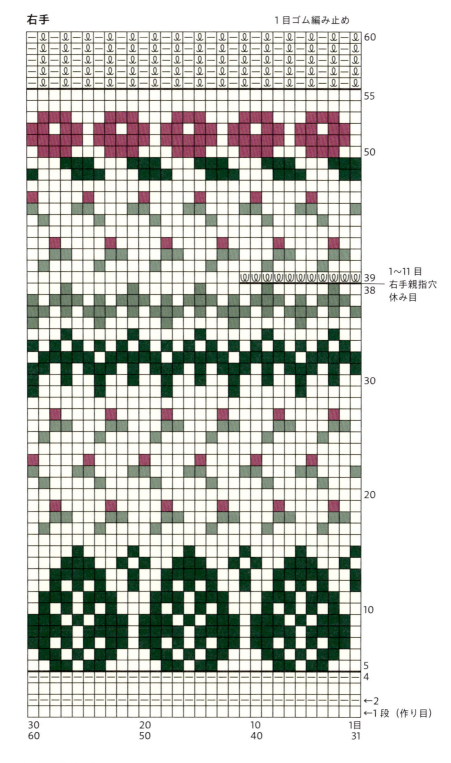

使用糸：ジェイミソンズ スピンドリフト
□#105 Eesit 26g ■#336 Conifer 5g ■#286 Moorgrass 3g ■#563 Rouge 3g ■#766 Sage 1g
親指とスカラップは□#105 Eesit　編み方は128ページからを参照
※糸が渡る目数が5目以上になったら裏で糸を挟む。その場合、前段で挟んだ位置と同じ箇所に挟まないようにする

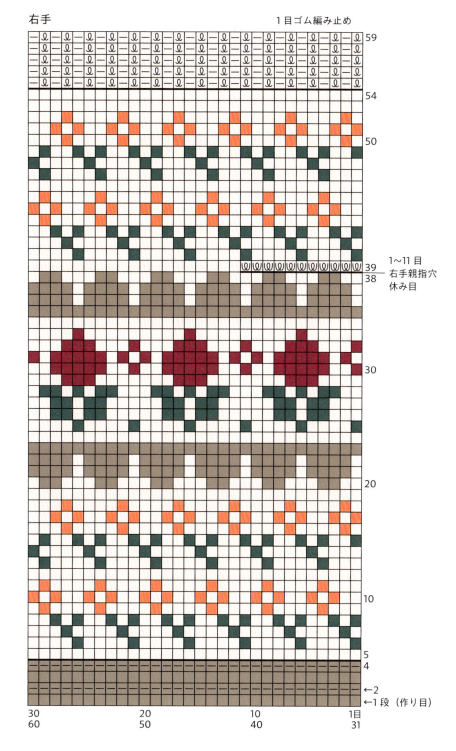

使用糸：ジェイミソンズ スピンドリフト
□#120 Eesit/White 22g　■#821 Rosemary 4g　■#478 Amber 3g　■#141 Camel 10g　■#572 Redcurrant 2g
親指は□#120 Eesit/White　スカラップは■#141 Camel　編み方は128ページからを参照
※糸が渡る目数が5目以上になったら裏で糸を挟む。その場合、前段で挟んだ位置と同じ箇所に挟まないようにする

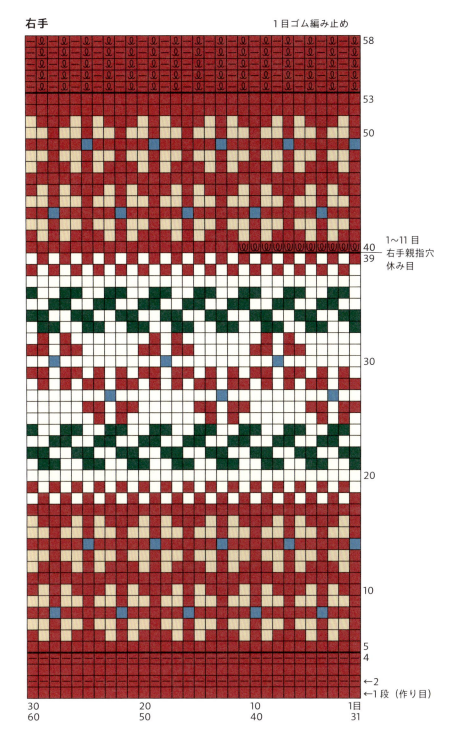

□ 表目
― 裏目
Ɵ ねじり目
ⓦ 巻き目

右手　　　　　　　　　　　　　　　　　1目ゴム編み止め

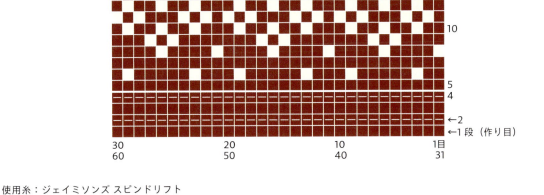

使用糸：ジェイミソンズ スピンドリフト
■#293 Port Wine 25g　□#105 Eesit 8g　■#286 Moorgrass 4g　■#861 Sandalwood 4g
親指は■#293 Port Wine　　スカラップは□#105 Eesit　　編み方は128ページからを参照
※糸が渡る目数が5目以上になったら裏で糸を挟む。その場合、前段で挟んだ位置と同じ箇所に挟まないようにする

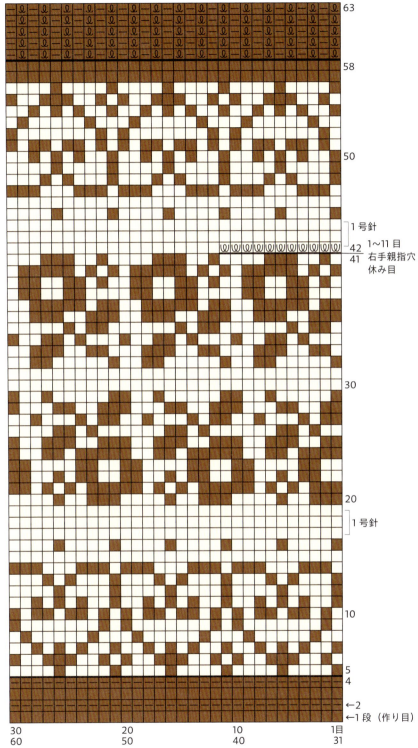

使用糸：ジェイミソンズ スピンドリフト
□#343 Ivory 19g　■#108 Moorit 20g
親指は 13 段めまで□#343 Ivory、14 段めとゴム編みは■#108 Moorit　　スカラップは■#108 Moorit
編み方は 128 ページからを参照
※糸が渡る目数が 5 目以上になったら裏で糸を挟む。その場合、前段で挟んだ位置と同じ箇所に挟まないようにする

□ 表目
− 裏目
Q ねじり目
W 巻き目

右手　　　　　　　　　　　　　　　　1目ゴム編み止め

1～11目
右手親指穴
休み目

使用糸：ジェイミソンズ スピンドリフト
■ #230 Yellow Ochre 15g　■ #101 Shetland Black 25g
親指とスカラップは■ #101 Shetland Black　　編み方は128ページからを参照
※糸が渡る目数が5目以上になったら裏で糸を挟む。その場合、前段で挟んだ位置と同じ箇所に挟まないようにする

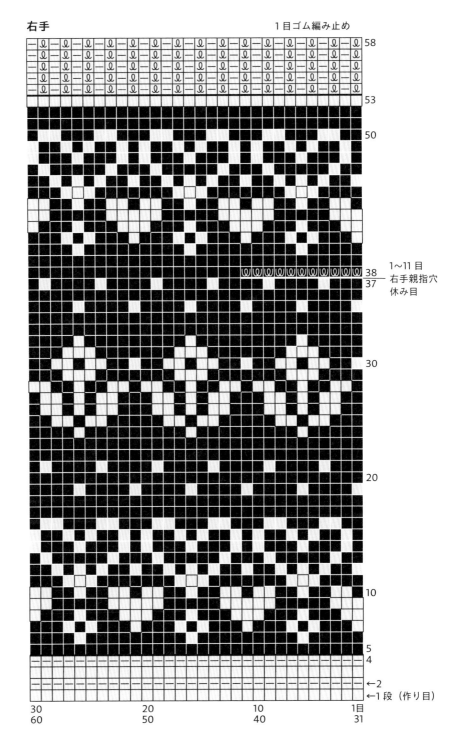

使用糸：ジェイミソンズ スピンドリフト
■#101 Shetland Black 21g　□#120 Eesit/White 16g
親指は13段めまで■#101 Shetland Black、14段めとゴム編みは□#120 Eesit/White　スカラップは□#120 Eesit/White
編み方は128ページからを参照
※糸が渡る目数が5目以上になったら裏で糸を挟む。その場合、前段で挟んだ位置と同じ箇所に挟まないようにする

60ページの手袋とおそろいです。たくさんのハートのデザインも、モノトーンにするとシックに見えます。

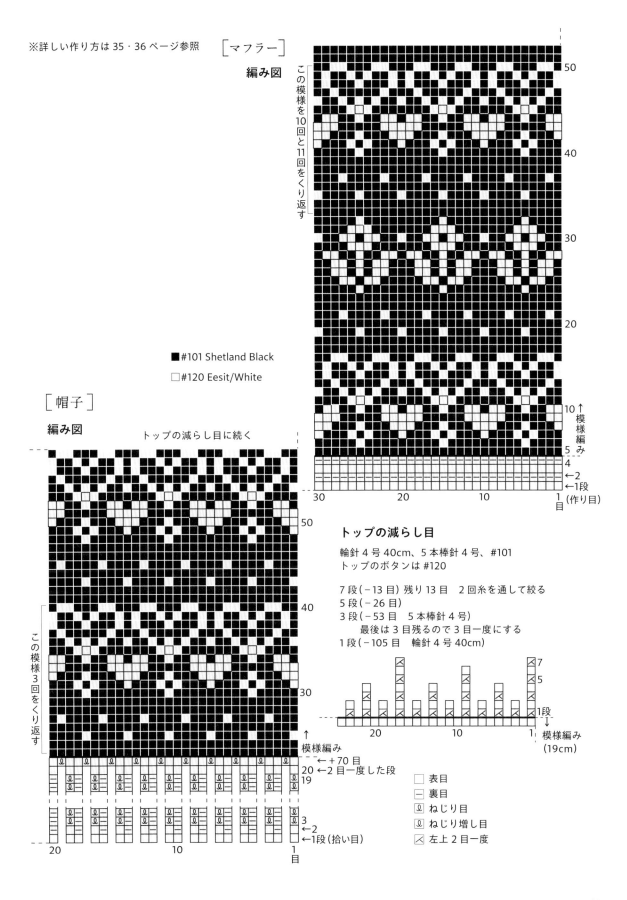

[色ちがいの楽しみ2]

52ページの色ちがい。
色番号は710（Gentian）、120（Eesit /White）、815（Ivy）、
470（Pumpkin）、1160（Scotch Broom）

54ページの色ちがい。
色番号は343（Ivory）、141（Camel）、1140（Granny Smith）、576（Cinnamon）

Level 3. 中級になる図案です。

□ 表目
− 裏目
Ω ねじり目
Ⓤ 巻き目

右手　　　　　　　　　　　　　　　1目ゴム編み止め

1号針
1〜11目
右手親指穴
休み目

メリヤス刺繍

メリヤス刺繍

1号針

1段（作り目）

使用糸：ジェイミソンズ スピンドリフト
□#105 Eesit 19g　■#820 Bottle 3g　■#478 Amber 4g　■#599 Zodiac 14g　■#478 Amber（メリヤス刺繍）1g
親指は13段めまで□#105 Eesit、14段めとゴム編みは■#599 Zodiac　　スカラップは■#599 Zodiac
編み方は128ページからを参照
※糸が渡る目数が5目以上になったら裏で糸を挟む。その場合、前段で挟んだ位置と同じ箇所に挟まないようにする

□ 表目
─ 裏目
ℚ ねじり目
Ⓠ 巻き目

右手

1目ゴム編み止め

1～11目
右手親指穴
休み目

使用糸：ジェイミソンズ スピンドリフト
■ #825 Olive 27g　■ #335 Asparagus 5g　■ #572 Redcurrant 6g　■ #271 Flame 2g　■ #999 Black（スカラップ）4g
親指は ■ #825 Olive　　編み方は128ページからを参照
※糸が渡る目数が5目以上になったら裏で糸を挟む。その場合、前段で挟んだ位置と同じ箇所に挟まないようにする

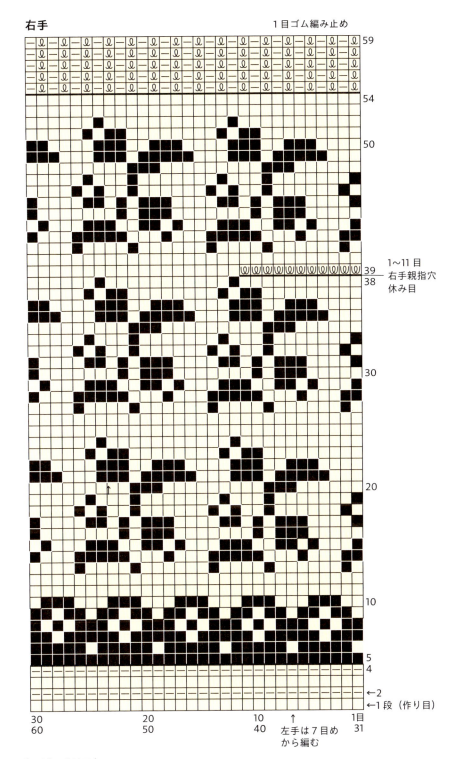

使用糸：ジェイミソンズ スピンドリフト
□ #343 Ivory 24g　■ #101 Shetland Black 12g
親指とスカラップは□ #343 Ivory　　編み方は 128 ページからを参照
※糸が渡る目数が 5 目以上になったら裏で糸を挟む。その場合、前段で挟んだ位置と同じ箇所に挟まないようにする

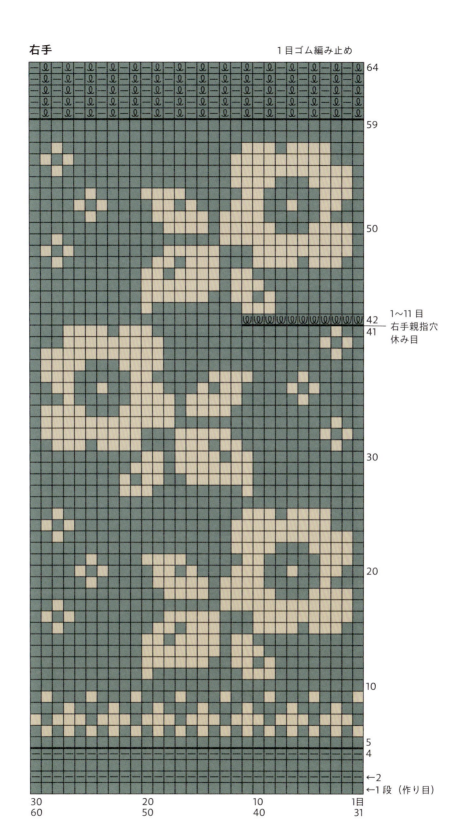

使用糸：ジェイミソンズ スピンドリフト
■#821 Rosemary 27g　■#141 Camel 14g
親指は■#821 Rosemary　スカラップは■#141 Camel　編み方は128ページからを参照
※糸が渡る目数が5目以上になったら裏で糸を挟む。その場合、前段で挟んだ位置と同じ箇所に挟まないようにする

くり返すことで、縦に花の模様が
つながるデザインです。

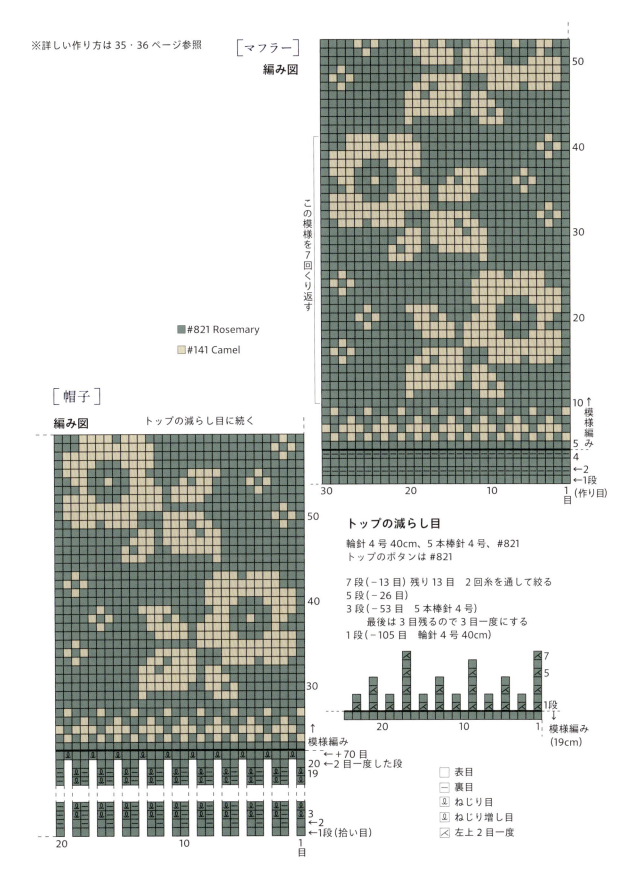

□ 表目
− 裏目
Q ねじり目
ω 巻き目

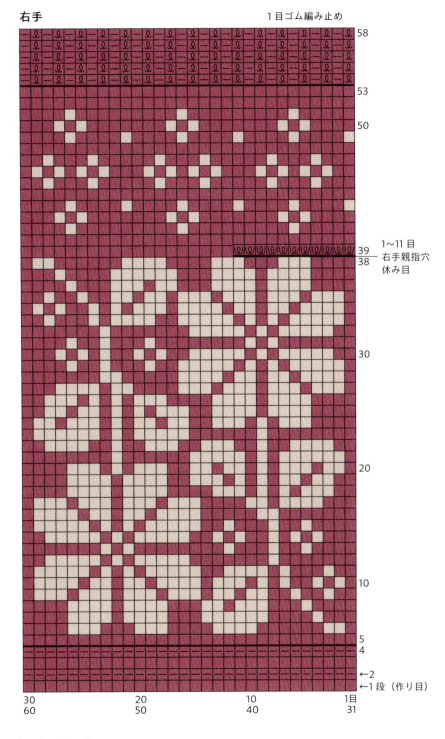

使用糸：ジェイミソンズ スピンドリフト
■ #517 Mantilla 22g　□ #106 Mooskit 14g
親指は ■ #517 Mantilla　スカラップは □ #106 Mooskit　編み方は 128 ページからを参照
※糸が渡る目数が 5 目以上になったら裏で糸を挟む。その場合、前段で挟んだ位置と同じ箇所に挟まないようにする

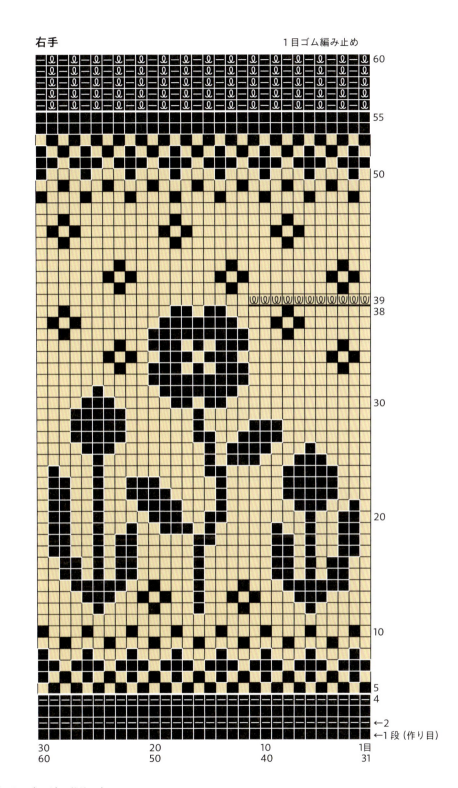

使用糸：ジェイミソンズ スピンドリフト
□ #342 Cashew 20g　■ #999 Black 23g
親指は13段めまでは□ #342 Cashew、14段めとゴム編みは■ #999 Black　　スカラップは■ #999 Black
編み方は128ページからを参照
※糸が渡る目数が5目以上になったら裏で糸を挟む。その場合、前段で挟んだ位置と同じ箇所に挟まないようにする

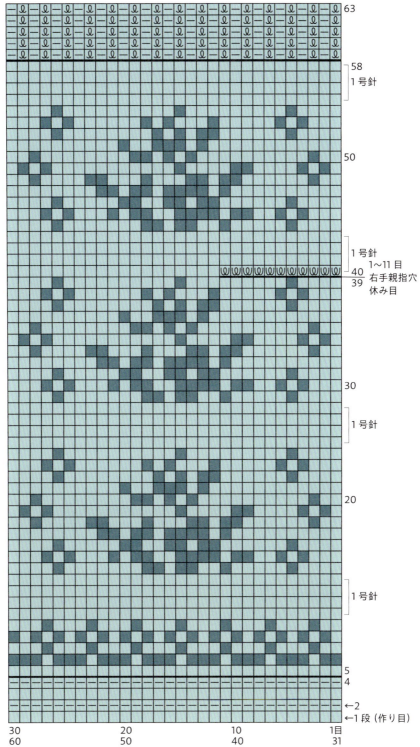

使用糸：ジェイミソンズ スピンドリフト
#135 Surf 26g　#258 Peacock 8g　#343 Ivory（スカラップ）4g
親指は#135 Surf　編み方は128ページからを参照
※糸が渡る目数が5目以上になったら裏で糸を挟む。その場合、前段で挟んだ位置と同じ箇所に挟まないようにする

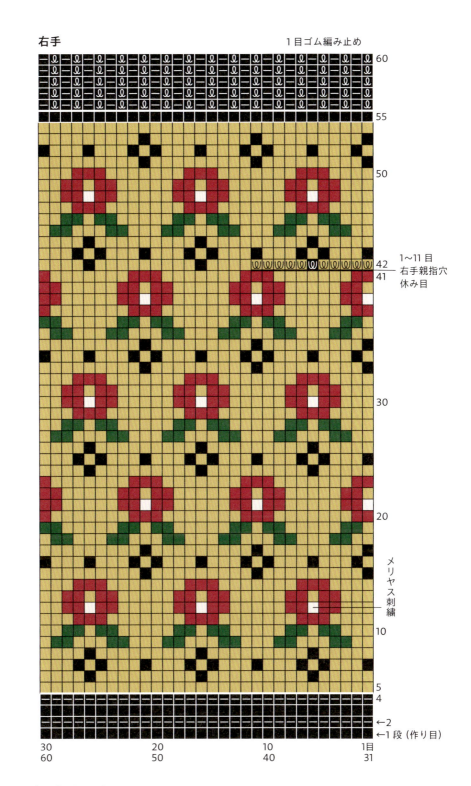

使用糸：ジェイミソンズ スピンドリフト
■#289 Gold 20g　■#999 Black 14g　■#788 Leaf 4g　■#323 Cardinal 7g　□#120 Eesit/White（メリヤス刺繍）1.5g
親指は13段めまで■#289 Gold、14段めとゴム編みは■#999 Black　スカラップは■#999 Black
編み方は128ページからを参照
※糸が渡る目数が5目以上になったら裏で糸を挟む。その場合、前段で挟んだ位置と同じ箇所に挟まないようにする

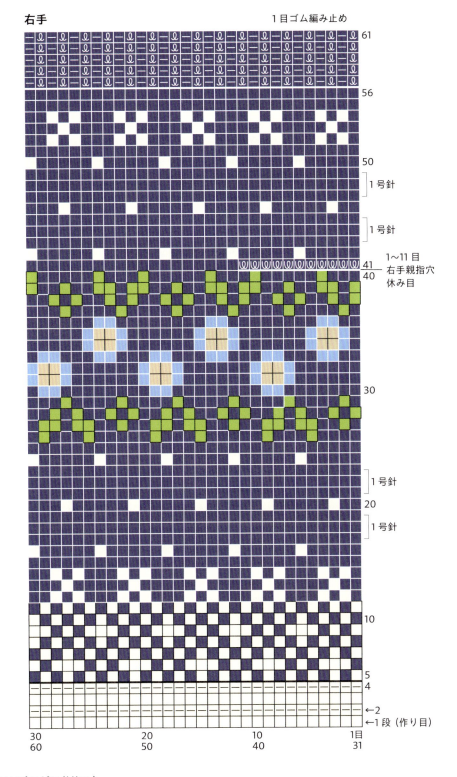

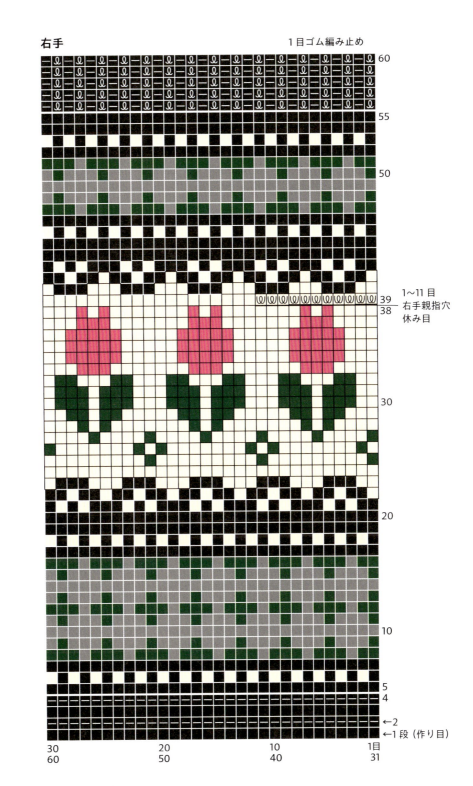

使用糸：ジェイミソンズ スピンドリフト
□#343 Ivory 11g ■#102 Shaela 17g ■#820 Bottle 6g ■#103 Sholmit 6g ■#575 Lipstick 3g
親指は13段めまで□#343 Ivory、14段めとゴム編みは■#102 Shaela　スカラップは■#102 Shaela
編み方は128ページからを参照
※糸が渡る目数が5目以上になったら裏で糸を挟む。その場合、前段で挟んだ位置と同じ箇所に挟まないようにする

チューリップのデザインはくり返さずに1か所だけにすることで、より花のかわいらしさが引き立ちます。

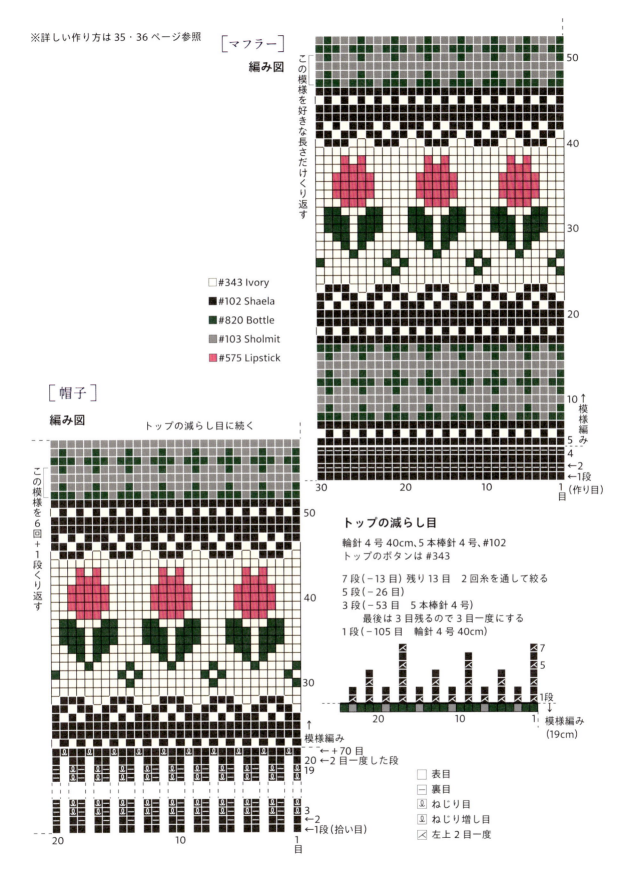

[色ちがいの楽しみ3]

68ページの色ちがい。
色番号は567（Damask）、
336（Conifer）、
1160（Scotch Broom）、
760（Caspian）、105（Eesit）

82ページの色ちがい。
色番号は232（Blue Lovat）、
105（Eesit）、820（Bottle）、
323（Cardinal）、230（Yellow Ochre）

84ページの色ちがい。
色番号は120（Eesit /White）、
1020（Nighthawk）、688（Mermaid）、
1160（Scotch Broom）、820（Bottle）

[色ちがいの楽しみ4]

98ページの色ちがい。
色番号は102（Shaela）、259（Leprechaun）、526（Spice）、
1160（Scotch Broom）、329（Laurel）、105（Eesit）

102ページの色ちがい。
色番号は999（Black）、335（Asparagus）、578（Rust）、
556（Old Rose）、563（Rouge）、105（Eesit）

Level 4.

ここからは上級編です。1段に3色使う部分が出てきます。

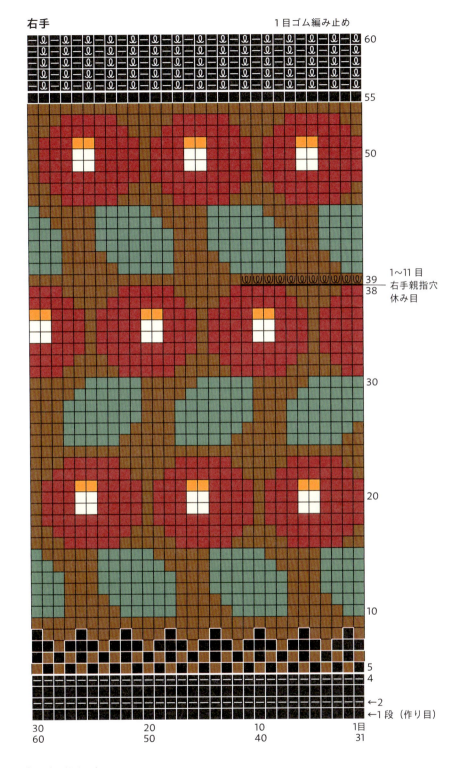

使用糸：ジェイミソンズ スピンドリフト
■#108 Moorit 17g　■#999 Black 11g　■#772 Verdigris 7g　■#580 Cherry 10g　□#105 Eesit 2g　■#425 Mustard 1g
親指は 13 段めまで■#108 Moorit、14 段めとゴム編みは■#999 Black　　スカラップは■#999 Black
編み方は 128 ページからを参照
※糸が渡る目数が 5 目以上になったら裏で糸を挟む。その場合、前段で挟んだ位置と同じ箇所に挟まないようにする

- □ 表目
- − 裏目
- ℚ ねじり目
- ⓌW 巻き目

右手

1目ゴム編み止め

1～11目
右手親指穴
休み目

←2
←1段（作り目）

左手は7目めから編む

使用糸：ジェイミソンズ スピンドリフト
- ☐ #390 Daffodil 15g
- ■ #890 Mocha 12g
- ■ #812 Prairie 3g
- ■ #423 Burnt Ochre 11g

親指は13段まで ☐ #390 Daffodil、14段めとゴム編みは ■ #890 Mocha　　スカラップは ■ #890 Mocha

編み方は128ページからを参照

※糸が渡る目数が5目以上になったら裏で糸を挟む。その場合、前段で挟んだ位置と同じ箇所に挟まないようにする

- □ 表目
- − 裏目
- ℧ ねじり目
- ⦵ 巻き目

右手　　　　　　　　　　　　　　　1目ゴム編み止め

1〜11目
右手親指穴
休み目

使用糸：ジェイミソンズ スピンドリフト
□#105 Eesit 18g　■#102 Shaela 18g　■815 Ivy 5g　■576 Cinnamon 3g　■722 Mirage 3g　■#1160 Scotch Broom 1g
親指は13段めまで□#105 Eesit、14段めとゴム編みは■#102 Shaela　　スカラップは■#102 Shaela
編み方は128ページからを参照
※糸が渡る目数が5目以上になったら裏で糸を挟む。その場合、前段で挟んだ位置と同じ箇所に挟まないようにする

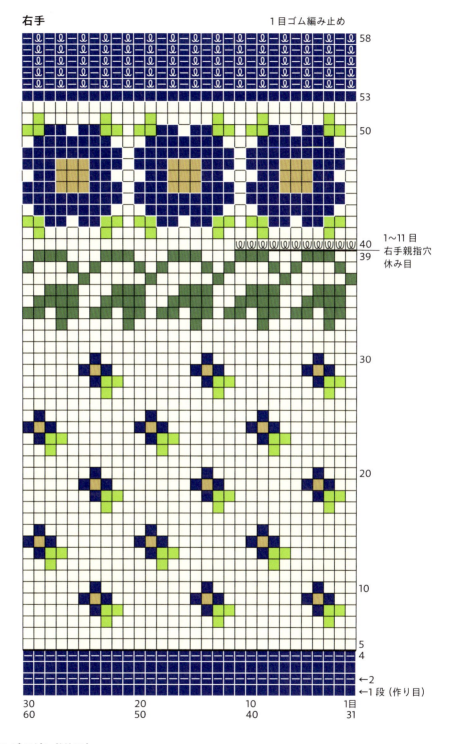

使用糸：ジェイミソンズ スピンドリフト
□#105 Eesit 20g　□#259 Leprechaun 4g　■#710 Gentian 15g　□#289 Gold 2g　■#249 Fern 3g
親指は13段めまで□#105 Eesit、14段めとゴム編みは■#710 Gentian　　スカラップは■#710 Gentian
編み方は128ページからを参照
※糸が渡る目数が5目以上になったら裏で糸を挟む。その場合、前段で挟んだ位置と同じ箇所に挟まないようにする

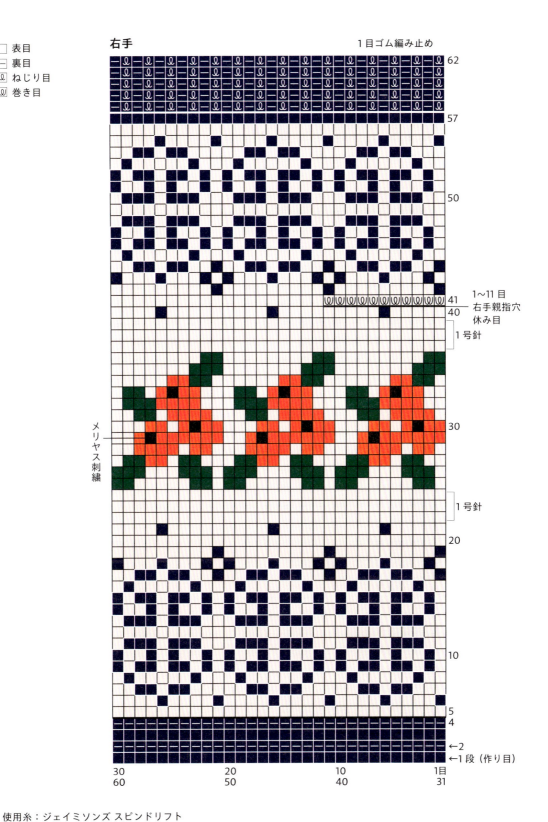

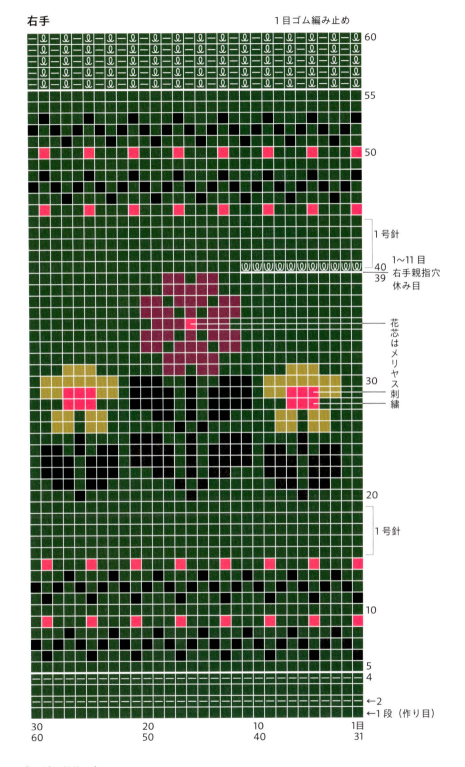

□ 表目
― 裏目
Ω ねじり目
⍵ 巻き目

右手　　　　　　　　　　　　　　　　　1目ゴム編み止め

1～11目
右手親指穴
休み目

使用糸：ジェイミソンズ スピンドリフト
■#101 Shetland Black 29g　■#688 Mermaid 5g　■#524 Poppy 3g　□#105 Eesit 3g　■#812 Prairie 2g　■#478 Amber 3g
親指とスカラップは■#101 Shetland Black　　編み方は128ページからを参照
※糸が渡る目数が5目以上になったら裏で糸を挟む。その場合、前段で挟んだ位置と同じ箇所に挟まないようにする

105

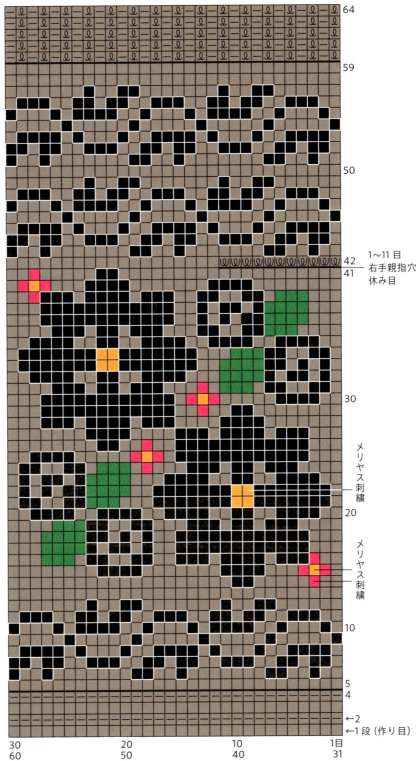

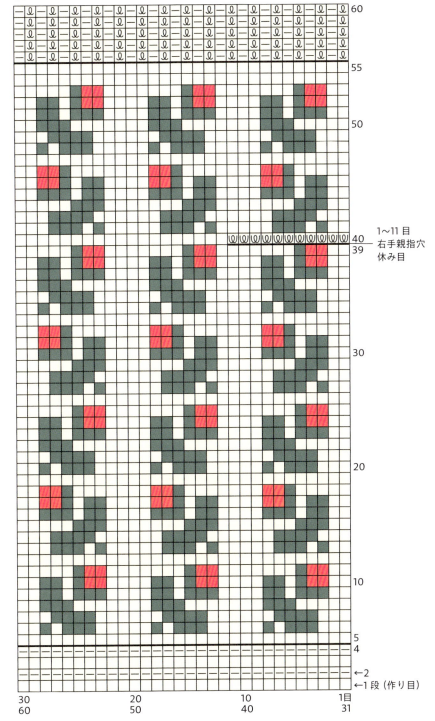

□ 表目
— 裏目
Ω ねじり目
W 巻き目

右手

使用糸：ジェイミソンズ スピンドリフト
□ #105 Eesit 13g ■ #727 Admiral Navy 19g □ #423 Burnt Ochre 6g ■ #890 Mocha 3g
■ #821 Rosemary 1.5g ■ #572 Redcurrant 1.5g
親指は ■ #727 Admiral Navy　　スカラップは □ #105 Eesit　　編み方は128ページからを参照
※糸が渡る目数が5目以上になったら裏で糸を挟む。その場合、前段で挟んだ位置と同じ箇所に挟まないようにする

バラに合わせたスカラップ模様が、
よりバラを引き立てます。

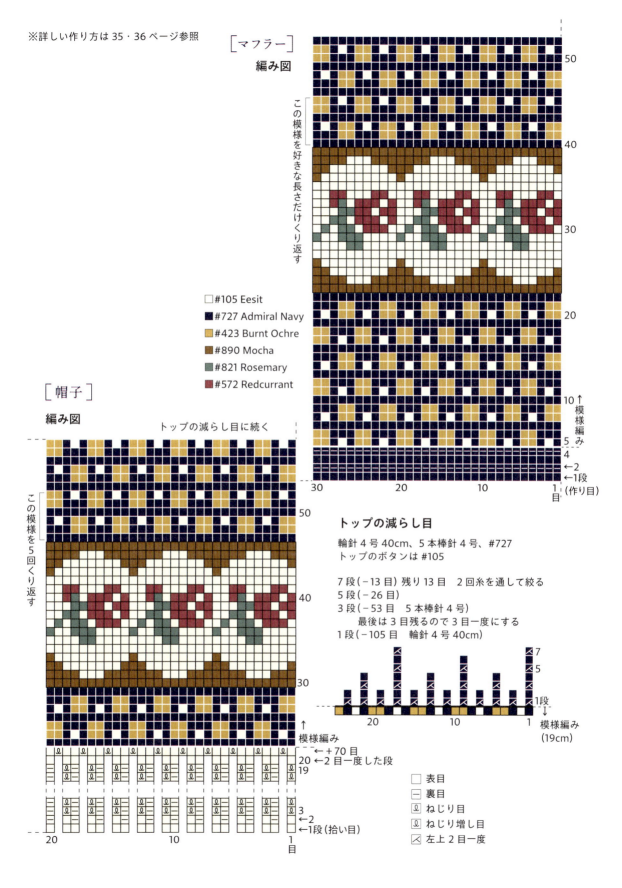

[色ちがいの楽しみ5]

116ページの色ちがい。
色番号は794（Eucalyptus）、788（Leaf）、1160（Scotch Broom）、880（Coffee）

[余った糸でベリーの針刺し]

余り糸とペットボトルのふたで作る針刺しです。ペットボトルの
ふたに糸始末で出た糸くずをつめて綿の代わりにします。

[針刺し]

本体編み図 ※かぎ針2/0号針、余り糸で作る

※2～5段目の増目は分散増目

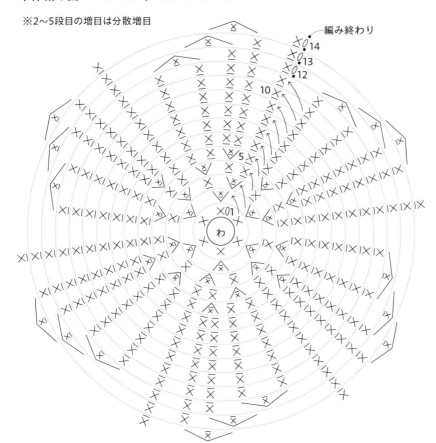

段数	目の増減	目数
14	－6目	12目
13	－6目	18目
12	－6目	24目
中に糸くずをつめて ペットボトルでふたをする		
11	増減なし	
10		
9		
8		
7		
6		
5	＋6目	30目
4	＋6目	24目
3	＋6目	18目
2	＋6目	12目
1		6目

葉の編み図 ※かぎ針2/0号針

2枚作る

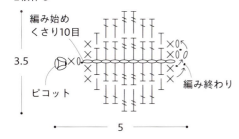

まとめ方

①本体の11段目で糸くずをつめ、ペットボトルのふたをかぶせる
②本体の編み終わり12目に糸を通して絞る
③葉の編み終わり側を本体の下(11段目)に縫い付け、
　ボンドまたはグルーガンで本体側面に固定する

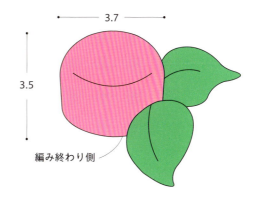

こま編みのすじ編み

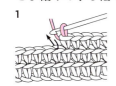

編み地を回さず、いつも同じ方向に編んでいく
前段のくさり目の向こう側の半目に針を入れる

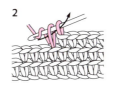

針に糸をかけて引き出し矢印のようにさらに糸をかけこま編みを編むすじが立つように編む

Level 5.

上級編でもいちばん難しいデザインです。
花も大きく印象的なデザインが多くなります。

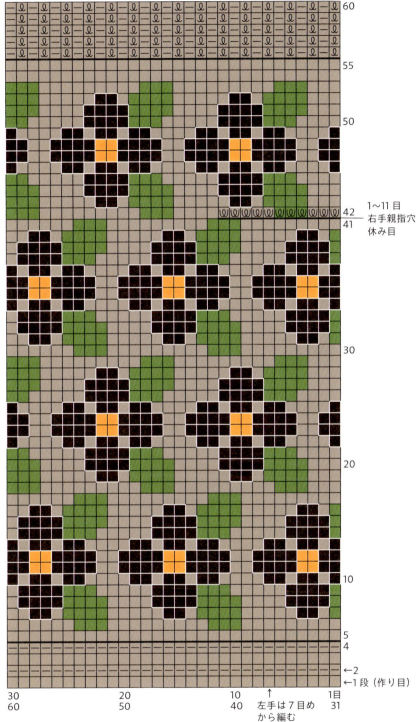

使用糸：ジェイミソンズ スピンドリフト
□ #141 Camel 23g ■ #812 Prairie 8g ■ #101 Shetland Black 13g ■ #425 Mustard 3g
親指とスカラップは □ #141 Camel　編み方は128ページからを参照
※糸が渡る目数が5目以上になったら裏で糸を挟む。その場合、前段で挟んだ位置と同じ箇所に挟まないようにする

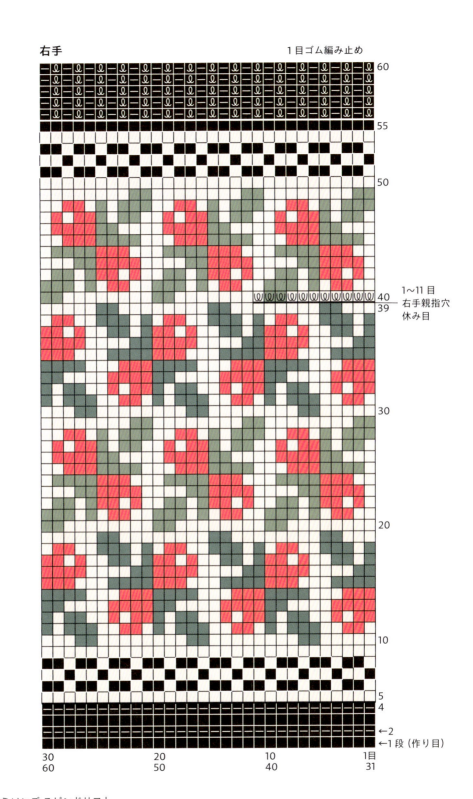

使用糸：ジェイミソンズ スピンドリフト
□#120 Eesit/White 18g　■#101 Shetland Black 12g　■#821 Rosemary 6g　■#526 Spice 9g　■#766 Sage 6g
親指は 13 段めまで□#120 Eesit/White、14 段めとゴム編みは■#101 Shetland Black　スカラップは■#101 Shetland Black
編み方は 128 ページからを参照
※糸が渡る目数が 5 目以上になったら裏で糸を挟む。その場合、前段で挟んだ位置と同じ箇所に挟まないようにする

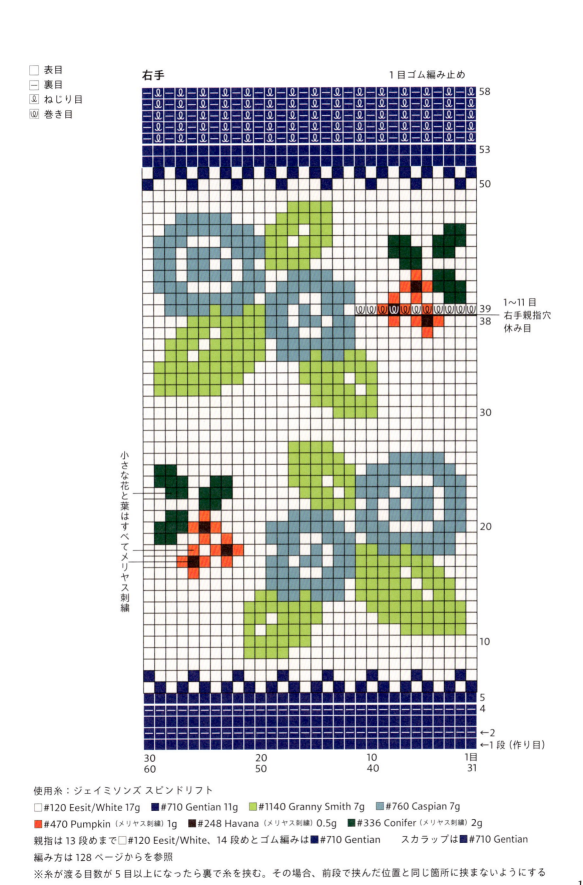

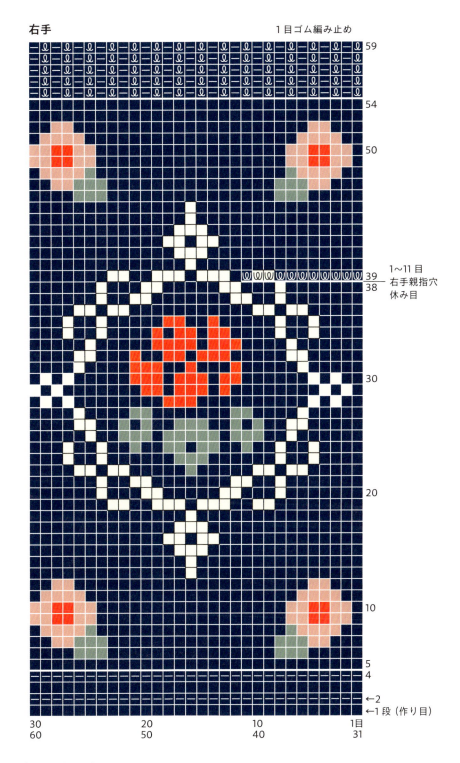

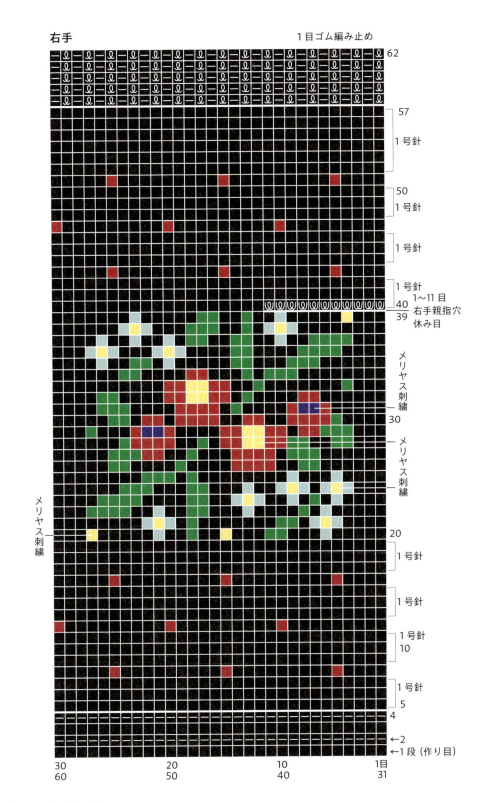

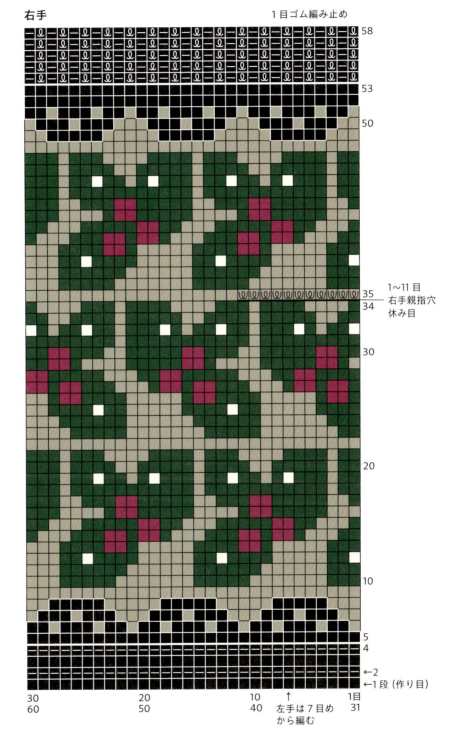

手袋の編み方

手袋の編み方を10ページの作品で解説します。編み込みのデザインが違うだけで、手袋自体の編み方はすべて同じです。模様によってゲージ（10cm四方）が多少変化しますが、約28目32段を目安にしてください。

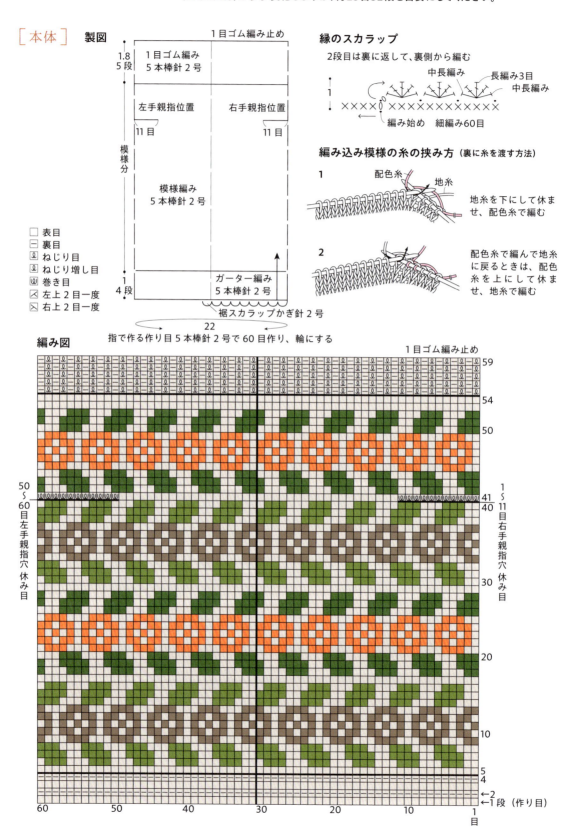

[親指] 製図　　　　　　1目ゴム編み止め　　　編み図　　　　　　　　　　　1目ゴム編み止め

1目ゴム編み
5本棒針2号

メリヤス編み
5本棒針2号

3段 / 14段 / 26目拾う

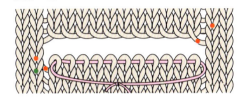

26　11目巻き目から拾う　　20　　11目休み目から拾う　10　　　1
編み始めの1目と　　　　　　　　ねじり増し目は
左上2目一度にする　　　　　　　シンカーループを引き上げる

←2（22目）
←1段（26目）

● : シンカーループを引き上げて、ねじり増し目にして拾う
● : 上の●を拾って編んだときに穴があく場合はこっちを拾う

親指の拾い目の位置

1目ゴム編み止め（輪編みの場合）
※136ページの解説とは最初が違いますが、基本的な糸の通し方は同じです。

1　1目めにとじ針を通して、2目めの左から右に通す　1目めに戻り、3目めに通す

2　2目めに戻って通し、3目めをとばして後ろを通って4目めに通す

3　3目めに戻って通し、4目めをとばして5目めに通す

4　2〜3のように表目同士、裏目同士に通すことをくり返し、最後は1の目に針を通す

5　最後の目と2目め（裏目）に針を通し、矢印の方向に抜く

6　糸を引いて完成

各パーツの編み方は、指定のページに詳細があります。
わかりやすいように糸の色を変えている部分があります。

01 糸端を70cmほど残して、指にかけて作る作り目を60目作ります。

02 60目を3本の針にわけ、4本目の針で裏目からガーター編みを始めます。輪に編みながら4本の針にわけていきます。

03 裏目、表目、裏目と3段編みました。これで裾のガーター編みが編めました。

04 次の段はメリヤス編みで編みます。

05 6段めは葉の編み込みが始まります。編み込み部分になったら葉の糸を付けて編みます。編み込みのしかたは132ページを参照してください。

06 6段めの葉の編み込みが編めました。編み図を見ながら編み込みを進めます。最初と最後の模様の合わせ方は133ページを参照して、模様がずれないようにします。

07 親指位置の下の段まで編めました。

08 とじ針に毛糸を通します。毛糸は何でも大丈夫です。

09 1目めから11目めまで休み目をします。目に毛糸を通して針からはずし、結んでとめておきます。

10 針に糸を巻き付けて11目巻き目をします。

11 そのまま続けて休み目の次の目を図案通りに編み進めます。

12 次の段を編むときは、巻き目に針を入れて編みます。少し目が拾いづらいので慎重に。

13 そのまま図案通りに編み込み模様の最後まで編み、地糸で2段メリヤス編みをしたら編み込み部分の完成です。次は1目ゴム編みをします。

14 ゴム編みの表目はねじり目をします。次に裏目を編み、ねじり目、裏目をくり返します。

15 1目ゴム編みを5段編みます。

16 端を136ページを参照して1目ゴム編み止めをします。糸は137ページを参照して裏で始末します。

17 親指を編みます。休み目を針に通し、左右の脇からシンカーループを2目ずつ、上の巻き目から11目拾って26目にします。親指の編み方は134ページを参照してください。

18 親指が編めました。

19 138ページを参照して裾のスカラップをかぎ針で編みます。

20 スカラップが編めました。

21 これで右手の完成です。左手を編むときは親指の位置に注意して編んでください。

編み込みのしかた

基本の編み込みのしかたです。裏に渡る糸がつれたり緩んだりしないように、引き加減を一定にして編みます。

01 編み込み部分になったら、葉の糸を付けて編みます。糸端は10cmほど残しておきます。

02 編み込み部分では地糸が下、配色糸が上になるように糸を持ち、配色糸を編みます。

03 地糸の部分に変更するときも同様に、地糸を下、配色糸を上にして地糸を編みます。

04 編み込みが1段編めました。裏から見ると配色糸は上、地糸は下に糸が渡っています。編み図の通りに編み進めます。

05 配色糸を別の配色糸に変える場合も同様に、編み図通りに別の配色糸を付けて編みます。

06 このようにして編み図通りに模様を編みます。裏の糸が地糸は下、配色糸は上に渡るように揃えてください。

Point!

後ろの渡り糸が5目以上あくときは途中で地糸と配色糸を交差させます。こうすることで糸が押さえられ、使うときに後ろの渡り糸が指などに引っかかりにくくなります。
編み込みは糸の引き加減を揃えることが重要ですが、糸を渡す前に右側の針にかかっている目を人差し指ですっと広げるようにすると引き加減がきれいに揃います。

模様の合わせ方

そのまま編み図通りに編むと模様部分が1段ずれるので、次の段に移る手前で模様合わせをします。模様のきりのよい部分で、次の段の最後の模様を編むとずれることなく模様がつながります。

01 128ページの編み図で、葉が編み終わって次の段から花を編む場合、最後の1目は編み図では葉の配色糸ですが、模様合わせをするので花の糸を付けて1目編みます。

02 そのまま続けて編み図通りに編みます。次の段は編み図では最後の2目は地糸と花の糸ですが、模様合わせをするので次の段の模様になる花の糸2目で編みます。

03 模様の最後は、編み図では花の糸ですが、1段上を編むので地糸で編みます。

表

裏

04 花の模様が編めました。1段ずつずらして模様合わせをしているので花の模様が合っています。

Point!

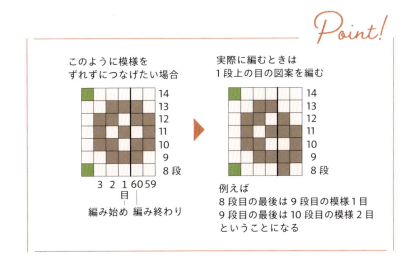

このように模様をずれずにつなげたい場合

実際に編むときは1段上の目の図案を編む

例えば
8段目の最後は9段目の模様1目
9段目の最後は10段目の模様2目
ということになる

親指の編み方

親指の付け根に穴があかないように目を拾います。

01 休み目の11目に針に通し、通してあった毛糸を抜きます。

02 親指は地糸で編むので、糸を付けて休み目にしていた目を表目で編みます。

03 次に脇のシンカーループを持ち上げて拾い、ねじり目で1目編みます。

04 さらに隣のシンカーループを持ち上げて拾い、ねじり目で1目編みます。これで2目増えました。

05 次は上の巻き目から11目拾い、表目で編みます。

06 拾った目は8目、10目、8目と針にわけます。次に脇のシンカーループを2目拾います。

07 シンカーループを持ち上げて拾い、ねじり目で1目編みます。さらに隣のシンカーループも拾ってねじり目で1目編みます。これで2目増えて26目になりました。

08 2段めは10目編み、次の2目（休み目の最後の1目と脇からの拾い目）を右上2目一度で編みます。次の2目（脇からの拾い目と巻き目の最後）を左上2目一度で編みます。

09 これで2目少なくなりました。続けて9目表目で編んで、次の2目（巻き目の最初と脇からの拾い目）を右上2目一度で編みます。

10 針に1目だけ残るので左側の針へと移します。

11 最後の1目（脇からの拾い目）と3段めの1目で左上2目一度を編みます。

12 これで22目になりました。

13 3段めからは表目で14段めまで編みます。

14 15段めからは1目ゴム編みをします。表目はねじり目、次に裏目を編み、ねじり目、裏目をくり返して3段編みます。

15 糸端を75cmほど残して糸を切り、1目ゴム編み止めをします。1目ゴム編み止めは途中で糸が切れないように、やさしく糸を引いてください。

16 親指部分の完成です。

1目ゴム編み止めのしかた

伏せ止めでもかまいませんが、手袋の指先になるので伸縮性のある止め方がおすすめです。

01 糸が編み地の3倍の長さが必要なので、手袋に糸をゆるく3周巻いてからカットします。ここではわかりやすいように違う色の糸で説明します。

02 とじ針に糸を通し、1目めに右から左に針を通します。次にひとつ前の目に左から右に通します。途中で糸が切れないように、やさしく糸を引きます。

03 1目めを飛ばして2目めに左から右に通します。

04 1目めに右から左に針を通し、2目めを飛ばして3目めに右から左に針を通します。

05 2目めに戻って右から左に針を通し、3目めを飛ばして4目めに左から右に針を通します。

06 このように表目同士、裏目同士に通すことをくり返し、最後の1目が残った状態まで通します。

07 最後から3目めに針を通し、最後の目に左から右に針を通します。

08 最後から2目めに右から左に針を通し、最後の目を飛ばして最初の目に右から左に針を通します。

09 最後の目と2目めに針を通して引き抜きます。あとは裏で糸始末をすれば完成です。

糸始末のしかた

同じ色の裏の渡り糸に、糸を割りながら通すのが基本的な糸始末です。ここでは別の方法を紹介します。

01 糸端をとじ針に通し、編み進む方向の3目先の渡り糸に針を通します。

02 渡り糸を割って5回からめながら戻ります。

03 余分な糸をカットすれば完成です。

メリヤス刺繍のしかた

花芯などを刺繍にすることで難しくならずに表現を広げることができます。

01 とじ針に糸を通し、刺したい目の下中心から針を出して糸を引きます。

02 上の目の左右の糸をすくって糸を引きます。

03 01の下中心に針を入れて糸を引きます。

04 これで1目刺せました。

05 続けて刺すときは、刺したい位置に針を出し、同様にすくって刺します。

スカラップの編み方

スカラップ部分だけかぎ針を使って編みます。

01 裾の作り目にかぎ針を入れます。ここではわかりやすいように違う色の糸で編みます。

02 細編みを1目編みます。

03 最初に引き抜いたときの糸にかぎ針を入れ、糸を目から引き抜きます。

04 隣の目にかぎ針を入れ、細編みをします。

05 これをくり返して裾に60目細編みをします。

06 最後は最初の細編みの目に入れて引き抜き、くさり編みをします。

07 裏返して反対に編み進みます。2目めに針を入れて中長編みをします。

08 同じ目に針を入れて、長編みを3回、中長編みを1回編みます。

09 1目飛ばして4目めに針を入れて引き抜きます。

10 次も1目飛ばして次の目に針を入れて、同じ目に中長編み、長編み3回、中長編みをします。1目飛ばして次の目に引き抜きます。

11 これをくり返して1周し、最後は最初に引き抜いた目に引き抜きます。

12 これで完成です。

水通しのしかた

編み終わったら必ず水通しをします。水通しをすることで油や汚れが落ち、ふんわりとして編み目も整います。

01 スチームアイロンをたっぷり当てて形を整えます。アイロンは少し浮かして、編み地に直接当てないようにします。

02 38度程度のぬるま湯に30分ほどつけ置きします。

03 ウール用洗剤を入れて押し洗いをします。フェルト化したい場合はもみ洗いをします。

04 すすいで洗濯機の脱水を30秒ほどかけ、形を整えて平干しします。

05 スチームアイロンを当てて形を整えれば完成です。

帽子の縁の編み方　ここでは目数を減らして編んでいます。

01　くさり編みで別くさりを編み、輪針でくさり編みの裏山に針を入れて糸を引き出します。

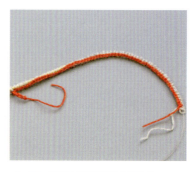

02　必要な目数が拾えました。

03　1段めは表目、裏目をくり返して1目ゴム編みを輪に編みます。2段めからは表目をねじり目にして1目ゴム編みをします。

04　19段が編めました。

05　別くさりを内側に折り上げて19段を二つ折りし、別くさりをほどいて目を針に通します。

06　このように手前と向こうで針と目が二重になっている状態になります。

07　手前と向こうの目を表目で2目一度に編みます。

08　編み地が二重になりました。

09　次の段は表目を1目編んだらシンカーループを引き上げてねじり増し目をし、次の目は表目で2目編みます。表目2目、ねじり増し目をくり返して目を増やします。

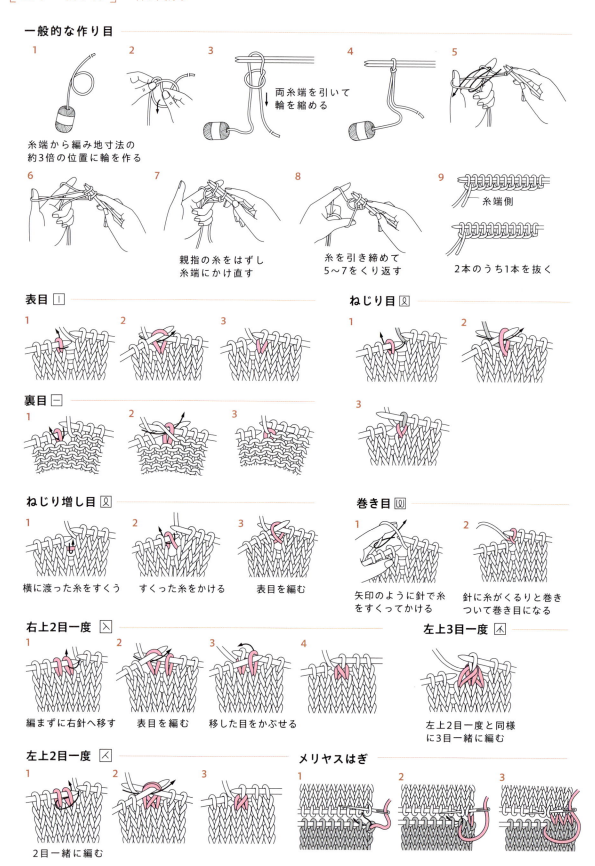

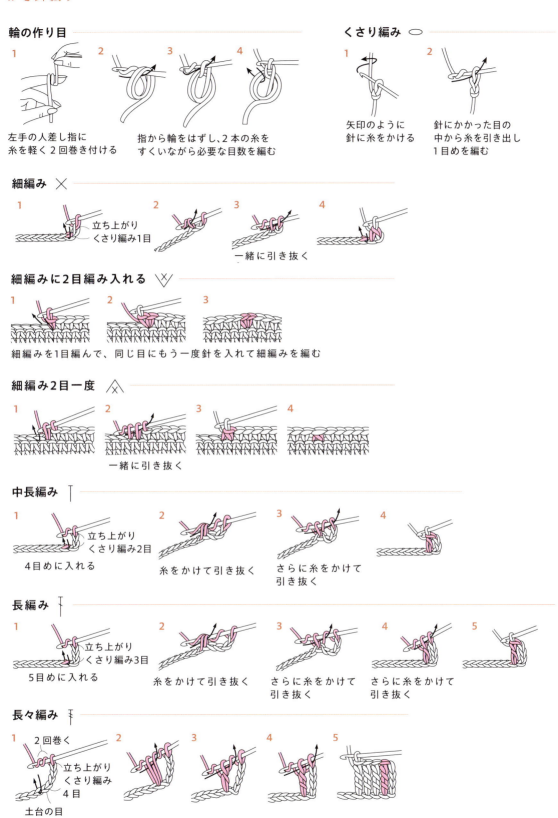

Rie Sekiguchi

ニット作家。北海道在住。
植物の模様をデザインしている。

毛糸の買えるお店
SHAELA　https://shaela.biz

Staff
撮影　　　宮濱祐美子
デザイン　宮﨑希沙（KISSA LLC）
作図　　　齊藤真理（ATELIER MARIRI.）
編集　　　恵中綾子（グラフィック社）

Special Thanks
薊久美子

撮影協力
UTUWA
東京都渋谷区千駄ヶ谷3-50-11 明星ビルディング1階
tel. 03-6447-0070

Knitting Pattern
花の編み込み手袋50
シェットランドウールで編む冬小物

2024年10月25日　初版第1刷発行

著者　　Rie Sekiguchi
発行者　津田淳子
発行所　株式会社グラフィック社
　　　　〒102-0073
　　　　東京都千代田区九段北1-14-17
　　　　tel.03-3263-4318（代表）
　　　　　　03-3263-4579（編集）
　　　　fax.03-3263-5297
　　　　https://www.graphicsha.co.jp
印刷製本　TOPPANクロレ株式会社

定価はカバーに表示してあります。
乱丁・落丁本は、小社業務部宛にお送りください。小社送料負担にてお取り替えいたします。
著作権法上、本書掲載の写真・図・文の無断転載・借用・複製は禁じられています。
本書のコピー、スキャン、デジタル化等の無断複製は著作権法上の例外を除き禁じられています。本書を代行業者等の第三者に依頼してスキャンやデジタル化することは、たとえ個人や家庭内での利用であっても著作権法上認められておりません。

本書に掲載されている作品は、お買い上げいただいたみなさまに個人で作って楽しんでいただくためのものです。作者に無断で展示・販売することはご遠慮ください。

© Rie Sekiguchi 2024 Printed in Japan
ISBN978-4-7661-3795-8　C2077